For my perfect children, M & G.
You are my life.

xxx

Hello!

Bonjour!

what colour are

les fleurs

the flowers

sont bleues

de quelle couleur sont

the flowers

les fleurs

are yellow

what colour are

les fleurs

the flowers

sont rouges

the flowers

les fleurs

are purple

what colour are

les fleurs

the flowers

sont orange

de quelle couleur sont

the flowers

les fleurs

are pink

what colour are

les fleurs

the flowers

sont vertes

De quelle couleur sont les fleurs?

Les fleurs sont bleues!

De quelle couleur sont les fleurs?

Les fleurs sont jaunes!

De quelle couleur sont les fleurs?

Les fleurs sont rouges!

De quelle couleur sont les fleurs?

Les fleurs sont violettes!

De quelle couleur sont les fleurs?

Les fleurs sont orange!

De quelle couleur sont les fleurs?

Les fleurs sont roses!

De quelle couleur sont les fleurs?
Les fleurs sont vertes!

Goodbye!

Au revoir!

**For more books in this series, see our website:
www.GaiaAndFenrirPublishing.co.uk**

Written and illustrated by Thomas Famille

www.gaiaandfenrirpublishing.co.uk

British Library Cataloguing in Publication Data A CIP catalogue record for this book
is available from the British Library

©2022
ISBN 978-1-9152081-3-2

Made in the USA
Monee, IL
07 July 2026

56553277R00017